Cómo era la vida en América

La comunicación en la historia de América

por Dana Meachen Rau

Consultora de lectura: Susan Nations, M. Ed.,
autora/tutora de alfabetización/
consultora de desarrollo de la lectura

Please visit our web site at: www.garethstevens.com
For a free color catalog describing Weekly Reader® Early Learning Library's list of high-quality books, call 1-877-445-5824 (USA) or 1-800-387-3178 (Canada).
Weekly Reader® Early Learning Library's fax: (414) 336-0164.

Library of Congress Cataloging-in-Publication Data

Rau, Dana Meachen, 1971-
    [Keeping in touch in American history. Spanish]
    La comunicación en la historia de América / por Dana Meachen Rau.
       p. cm. — (Cómo era la vida en América)
    Includes bibliographical references and index.
    ISBN-10: 0-8368-7431-5 — ISBN-13: 978-0-8368-7431-0 (lib. bdg.)
    ISBN-10: 0-8368-7438-2 — ISBN-13: 978-0-8368-7438-9 (softcover)
    1. Communication—United States—History. I. Title.
  P92.U5R3818 2007
  302.230973—dc22
                                   2006019198

This edition first published in 2007 by
Weekly Reader® Early Learning Library
A Member of the WRC Media Family of Companies
330 West Olive Street, Suite 100
Milwaukee, WI 53212 USA

Copyright © 2007 by Weekly Reader® Early Learning Library

Editor: Barbara Kiely Miller
Art direction: Tammy West
Cover design and page layout: Kami Strunsee
Picture research: Sabrina Crewe
Spanish translation: Tatiana Acosta and Guillermo Gutiérrez

Picture credits: Cover, title page, p. 19 © Bettmann/CORBIS; p. 4 © Michael Newman/ PhotoEdit; pp. 6, 8, 9, 10, 11, 13, 14, 15, 16, 17 © North Wind Picture Archives; p. 7 © Lowell Georgia/CORBIS; pp. 12, 20 The Granger Collection, New York; p. 18 © Underwood & Underwood/CORBIS; p. 21 © Bob Daemmrich/PhotoEdit

Printed in the United States of America

1 2 3 4 5 6 7 8 9 10 09 08 07 06

Contenido

La comunicación hoy en día 4

Las noticias van despacio 6

Noticias impresas 9

Mensajes rápidos 12

Noticias en el aire 18

Glosario 22

Más información 23

Índice 24

Portada: Los primeros teléfonos eran muy grandes y colgaban de la pared. Cuando la gente hablaba por teléfono, tenía que permanecer muy cerca del aparato.

Los niños usan computadoras en la escuela y en casa para comunicarse.

La comunicación hoy en día

Hoy en día, enviar un **correo electrónico** a un amigo es una manera fácil y rápida de comunicarse con él. Hace mucho tiempo, sin embargo, no era posible enviar mensajes con esa rapidez. Había que esperar días, meses o años para recibir noticias de alguien que viviera lejos.

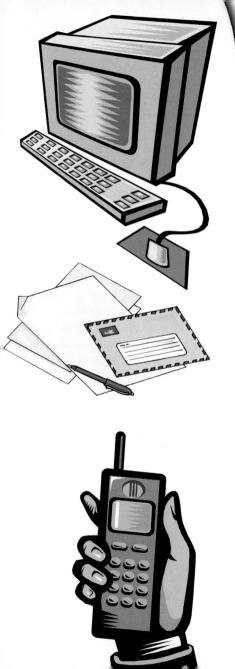

Hace mucho tiempo, la gente . . .

- no escribía con bolígrafos y lápices;
- no podía hablar con alguien que estuviera lejos;
- no tenía radios ni televisores;
- no tenía teléfonos celulares;
- no tenía correo electrónico ni computadoras;
- no enviaba mensajes de texto telefónicos.

© North Wind Picture Archives

Se tardaba mucho tiempo en escribir con una pluma de ave. La persona que escribía tenía tiempo de pensar lo que deseaba decir.

En el siglo XVII, muchos **colonos** en América vivían muy alejados entre sí, y se escribían cartas para enviar noticias. Para escribir, se usaban unas largas **plumas de ave**. La persona que escribía metía la punta de la pluma en un tintero. El espacio vacío del interior de la pluma se llenaba de tinta, y la persona podía escribir unas cuantas palabras. Después, había que volver a llenar la pluma.

La gente **sellaba,** o cerraba, sus cartas con cera derretida. Las cartas se entregaban a algún viajero que pasara. A veces hasta se pagaba a los viajeros para que llevaran las cartas. Una carta que se enviaba de este modo podía tardar meses en llegar. Si el sello de cera estaba roto, la persona que recibía la carta sabía que alguien la había leído.

Un sello tenía un nombre o unas iniciales grabadas. Con el sello se estampaba cera líquida para cerrar la carta y mostrar quién la había escrito.

Paul Revere iba por los pueblos informando de las noticias importantes. Él fue quien dio a conocer que había empezado la lucha por la libertad.

En 1711, se estableció un sistema **postal** que facilitó el envío de cartas. Hombres a caballo iban de un pueblo a otro repartiendo el correo. Se construyeron caminos postales entre ciudades para que los jinetes pudieran llevar las cartas con rapidez. Los habitantes de un pueblo recogían su correo en la oficina postal o en una **fonda** local.

Noticias impresas

Otra manera de conocer las noticias era por medio de los periódicos. Unas personas llamadas **impresores** hacían periódicos en una **prensa**. Los primeros periódicos sólo tenían cuatro páginas, y salían una vez a la semana. Traían noticias de Inglaterra, y también historias del gobierno, de incendios y de objetos en venta.

© North Wind Picture Archives

Este dibujo muestra la primera prensa de Estados Unidos. Sólo podía imprimir un periódico a la vez.

9

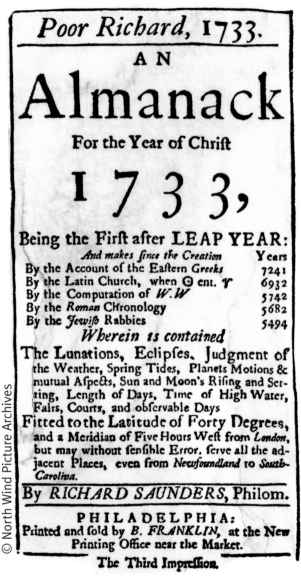

Los impresores también hacían **almanaques**. Los almanaques eran libros pequeños que utilizaban los granjeros, los pescadores y otros. Incluían calendarios, informes del tiempo y consejos para plantar cultivos. Algunos almanaques traían noticias y relatos breves.

Benjamin Franklin, un famoso inventor, escribió y publicó el *Almanaque del pobre Richard*.

En algunos pueblos no había impresores. Los habitantes de estas poblaciones conocían las noticias gracias al **pregonero**. Éste hacía sonar una campana para atraer la atención de la gente del pueblo. Después, gritaba las novedades. Anunciaba la llegada de algún barco u otras noticias de importancia.

Los pregoneros ayudaban a los niños que se habían perdido a encontrar a sus padres.

La llegada de una diligencia, que traía el correo y en la que llegaban forasteros, era un acontecimiento para los habitantes de un pueblo.

Mensajes rápidos

Durante el siglo XIX, mucha gente se trasladó a territorios y poblaciones del Oeste. Las **diligencias** llevaban el correo en el largo viaje. También el ferrocarril comenzó a cruzar Estados Unidos. Los trenes podían transportar gran cantidad de cartas, pero el viaje seguía siendo largo.

Quienes necesitaban enviar un mensaje con rapidez utilizaban el **Pony Express**, una ruta postal que iba de Missouri a California. Un jinete llevaba una bolsa de correo a toda velocidad de una posta a otra, cambiando de caballo con frecuencia para evitar que el animal se cansara. Los jinetes se relevaban cada 100 millas (160 kilómetros). Un nuevo jinete tomaba la bolsa y continuaba el viaje.

Un jinete del Pony Express no se detenía mucho tiempo en una posta. Rápidamente desmontaba de su cansado caballo y montaba en uno descansado. ¡En seguida, continuaba su camino!

© North Wind Picture Archives

Los jóvenes jinetes del Pony Express tenían que soportar tormentas de nieve y lluvia sin detenerse. ¡El jinete más joven sólo tenía once años!

Los jinetes del Pony Express tenían que ser pequeños para que los caballos pudieran cabalgar deprisa. Sólo se contrataba a muchachos de menos de dieciocho años. Estos jóvenes podían recorrer casi 2,000 millas (3,218 kilómetros) en apenas diez días. Sin embargo, el Pony Express sólo duró de 1860 a 1861. La invención de un sistema nuevo aceleró aún más el envío de mensajes.

Samuel Morse inventó el **telégrafo** en 1837. El telégrafo era una máquina capaz de enviar mensajes a través de hilos. Una serie de golpecitos largos o cortos representaba cada letra del alfabeto. Para enviar un mensaje por medio del telégrafo, la persona que enviaba el mensaje pulsaba el código de cada letra. Cada pulsación enviaba una señal eléctrica.

MORSE APPARATUS, CIRCUIT AND BATTERY.

MORSE KEY.

El sistema de pulsaciones utilizado con un telégrafo recibía el nombre de código Morse. El código se pulsaba usando la tecla de la máquina.

Las **señales** viajaban a través de los hilos que colgaban entre pueblos y ciudades. En el otro extremo, una máquina de telégrafo recibía las señales. Un brazo de la máquina escribía el código en una tira de papel. Alguien que conocía el código escribía el mensaje, que después se le entregaba al destinatario. ¡Por fin, era posible transmitir noticias nada más ocurrir!

Los hilos del telégrafo solían colgar en unos postes que iban en paralelo a la línea del ferrocarril.

© North Wind Picture Archives

Alexander Graham Bell se preguntaba si también sería posible transmitir por hilos la voz humana. En 1876, creó el teléfono. El teléfono hizo posible que dos personas que estaban a millas de distancia pudieran conversar. Un **operador** conectaba a la persona que llamaba con la que recibía la llamada.

En esta fotografía se ve a Alexander Graham Bell haciendo la primera llamada de Nueva York a Chicago. La gente se refería a los primeros teléfonos como "telégrafos hablados".

En esta fotografía de 1929, se ve a unos niños en un campamento. Todas las noches se reunían a escuchar las últimas noticias en la radio.

Noticias en el aire

A finales del siglo XIX, se descubrió que no era necesario usar hilos para enviar señales. Las radios podían enviar señales por el aire. Al principio, las estaciones de radio enviaban códigos, como los telégrafos. Pronto, empezaron a transmitir también voces y música. Unas altas **antenas** enviaban las señales. Otras antenas recibían los sonidos.

Las señales de imágenes también se podían enviar por el aire. Se hicieron programas de televisión que eran emitidos por estaciones de televisión. En la década de 1950, muchos hogares tenían ya un receptor. Las familias veían noticieros, escuchaban discursos importantes, conocían qué tiempo iba a hacer al día siguiente y se enteraban de cómo era la vida en el resto del país y en el mundo.

Esta familia ve al presidente de Estados Unidos en su televisor. ¡Su hija aparece en el programa con el presidente!

Esta computadora, de la década de 1940, fue una de las primeras de gran tamaño que se hicieron. Hoy en día, las computadoras son mucho más rápidas y capaces.

Las computadoras ofrecieron nuevas oportunidades de comunicación. En la década de 1940, las primeras computadoras ocupaban toda una habitación. En la década de 1970, ya era posible comprar computadoras más pequeñas para usar en el trabajo y en casa. En la década de 1980, se empezaron a usar computadoras para enviar mensajes. Un correo electrónico es un mensaje que se envía de una computadora a otra.

Hace mucho tiempo, un mensaje tardaba meses en llegar a su destinatario. Hoy, la gente sigue enviando cartas y leyendo periódicos, como ocurría hace años. Pero ahora es posible recibir mensajes pocos segundos después de haber sido enviados. Gracias a las computadoras, seguimos encontrando maneras de comunicarnos.

Estas mujeres leen un mensaje de texto que han recibido en un teléfono celular.

Glosario

almanaques — libros que se publican una vez al año y que contienen un calendario, datos numéricos e información sobre muchos temas

antenas — partes que se utilizan para enviar o recibir ondas de radio

colonos — personas que se mudan a una zona y se establecen en ella

correo electrónico — mensaje enviado de una computadora a otra

diligencias — carruajes de cuatro ruedas, tirados por caballos, que transportaban pasajeros y correo

fonda — establecimiento que ofrece comida y alojamiento a los viajeros

impresores — personas que hacen copias de periódicos, libros y otros materiales de lectura

operador — persona que opera, o maneja, una máquina. Un operador telefónico conecta llamadas de diferentes líneas.

pluma de ave — pluma de pájaro que se utilizaba para escribir

postal — relativo al correo

prensa — máquina que comprime el papel contra una superficie entintada para hacer copias

señales — pequeñas unidades de información que viajan por hilos o por el aire

Más información

Libros

Alexander Graham Bell. Inventores Famosos (series). Ann Gaines (Rourke Publishing)

Bronco Charlie y el Pony Express. Yo Solo Historia (series). Marlene Targ Brill (Lerner)

I Wonder Why the Telephone Rings and Other Questions About Communication. I Wonder Why (series). Richard Mead (Kingfisher)

They're Off!: The Story of the Pony Express. Cheryl Harness (Aladdin)

Where Does the Mail Go?: A Book About the Postal System. Discovery Readers (series). Melvin and Gilda Berger (Chelsea House Publications)

Índice

almanaques 10

cartas 6, 7, 21

computadoras
  4, 5, 20, 21

correo electrónico
  4, 5, 20

diligencias 12

envío de noticias
  7, 8, 12, 13, 14

ferrocarril 12

mensajes de texto
  5, 21

oficinas postales
  8

periódicos 9, 21

plumas 5, 6

Pony Express
  13, 14

pregoneros 11

prensas 9

radios 5, 18

teléfonos 17, 21

teléfonos
  celulares 5, 21

telégrafos 15, 16,
  18

televisiones 5, 19

trenes 12, 16

Información sobre la autora

Dana Meachen Rau ha escrito más de ciento cincuenta libros para niños, entre los que se encuentran títulos de no ficción y libros para lectores incipientes. Dana escribe textos sobre la historia, las ciencias, la geografía, las personas y ¡hasta los juguetes! Vive con su familia en Burlington, Connecticut.